Charlotte Breyer

Mein roter Ledersessel

Charlotte Breyer

Mein roter Ledersessel

… und andere Geschichten vom Älterwerden

echter

Bibliografische Information der Deutschen Nationalbibliothek

Die Deutsche Nationalbibliothek verzeichnet diese Publikation in der Deutschen Nationalbibliografie; detaillierte bibliografische Daten sind im Internet über http://dnb.d-nb.de abrufbar.

www.echter-verlag.de

Gestaltung Peter Hellmund
Umschlagfoto Getty Images
Druck und Bindung CPI – Clausen & Bosse, Leck

ISBN 978-3-429-03472-6

Liebe Leserinnen, liebe Leser,

Älterwerden kann eine ziemlich unruhige Angelegenheit sein, denn von allen Seiten wird Aktivität angemahnt. „Man müsste mal" ist überall zu hören. So kann es beim Eintritt in den Ruhestand ziemlich anstrengend zugehen. Hochgesteckte Ziele, Ehrenamt, kreative Entfaltung, Seniorenstudium füllen den Alltag.

Irgendwann sind diese Turbulenzen überstanden, und dann beginnt das, wofür man früher das schöne Wort „Lebensabend" hatte. Die Ansprüche an sich selbst haben sich reduziert, das Lebensschiff ist in ruhigeren Wassern angekommen, an die Stelle von Wettbewerb, Konkurrenz und Ambitionen ist Entspannung getreten. Hoffentlich auch Gelassenheit und die Freude daran, den Tagen ihren Lauf zu lassen und sich mit der Muße anzufreunden.

Davon handeln die Texte in diesem Buch, die von älteren Herrschaften erzählen, die mit Humor und Lebenserfahrung den späten

Jahren entgegenblicken. Dabei geht es um Freundschaft mit sich selbst, um klugen Umgang mit der Zeit, Genuss am Abend und Pläne am Morgen, um Erinnerungen, die zum Glück oft in warmen Glanz getaucht sind. Aber auch darum, Neues zu wagen und den Gewinn der späten Jahre zu erkennen.

Dass Älterwerden auch eine andere, eine weniger gute Seite hat, wissen wir alle, dass wir sie annehmen müssen, auch. Rückzug und stilles Resignieren führen dabei auf den falschen Altersweg, darüber reden auf den richtigen. „Man muss die Türen offen halten", sagt dazu ein alter Herr in diesem Buch.

Dass das gelingt, wünscht Ihnen

Ihre Charlotte Breyer

September 2011

Inhalt

Einladen und feiern

Du feierst doch, sagen die Freunde und blicken streng. Der so Angesprochene versucht auszuweichen, denn er hat keine Lust, seinen „Runden“ zum Gespräch zu machen.

Aber dann wird doch gefeiert. Und das nicht schlecht. Alle kommen, essen, trinken, werden immer fröhlicher, lästern, was das Zeug hält, über die, die nicht da sind.

„Es gibt nichts Schöneres, als uns gegenseitig beim Älterwerden zuzuschauen“, ruft der Gastgeber, strafft den Oberkörper und hebt das Glas. Die Gesprächsthemen wechseln schnell. Mal geht es um damals, als die Kinder noch klein waren und alle in den Ferien nach Italien gefahren sind, mal um vergangene Sporterfolge und, natürlich, um die Ehegeschichten derer, die nicht eingeladen sind, was sich immer als sehr kurzweilig erweist.

Bald aber geht es auch um aktuelle Tatsachen, um Hörgeräte und um Reha-Maßnahmen wie Muskelaufbau und Sturzprävention. „Mach ich, von Muskeln allerdings noch keine Spur, aber gestürzt bin ich schon“, ruft einer.

„Bleib locker“, ein anderer herzt seine Nachbarin und sagt: „Sprich in mein rechtes Ohr, das ist das gute“.

Entspannt sind alle und versichern sich immer wieder, dass es ihnen doch eigentlich gutgehe, zumindest im Augenblick, wenn man bedenke, was für ein Pech die – na ihr wisst schon – mit ihren Kindern haben. Und dass es gar nicht so schlecht sei, schon älter zu sein, weil man ja auch vieles nicht mehr müsse.

Zum Glück habe man auch einiges schon vergessen, nicht nur Telefonnummern, sondern auch Streit und Misserfolge. Und außerdem sei manches, was früher ziemlich anstrengend war, nicht mehr nötig, der ständige Blick auf die Waage zum Beispiel. Eine Konfektionsgröße mehr, und alles sei wieder im Lot, andererseits, hundert Gramm weniger beim morgendlichen Wiegen sorgen sofort für ein Glücksgefühl und für ein Butterbrötchen mehr beim Frühstück.

Ein Höhepunkt solcher Feiern kann auch die Festrede sein. Jemand hat sich die Mühe gemacht, das Leben des Jubilars oder der Jubilarin zu betrachten, hat zusammengetragen und in Form gebracht, was man loben und ehren kann, aber auch, was die Schwächen sind, was meistens für viel Heiterkeit sorgt.

Oft sind solche Ansprachen kürzere oder auch längere Preisungen der Freundschaft. Wenn sie gelungen sind, applaudiert der ganze Saal, was dem Redner selbst zu höchster Befriedigung gereicht. Schon auf dem Rückweg zu seinem Platz durch die Tischreihen kann er sich das Lob abholen.

So ist es eben ein Geben und Nehmen bei solchen Jubelfeiern, je weiter sie fortschreiten, desto ehrlicher sagt man sich gegenseitig die Meinung, wer als Erster geht, wird gnadenlos auseinandergenommen.

Und der Jubilar selbst? Er stellt fest, dass er gar nicht wusste, wie hoch geschätzt er ist und dass es doch eigentlich richtig war zu feiern, schon weil alle über das gelungene Fest reden werden. Morgen früh wird er erst einmal alle Geschenke auspacken, worunter hoffentlich nicht dreimal der neueste Bildband über die Heimatstadt ist, den es kürzlich im Sonderangebot in der Buchhandlung gab.

~

Kummer, sei lahm!
Sorge, sei blind!
Es lebe das Geburtstagskind!

Theodor Fontane (1819–1898)

Vom Glück des Spazierengehens

Der Vorschlag, einen Spaziergang zu machen, fand in frühen Jahren oft genug wenig Begeisterung, für manche gar ist die Erinnerung an den Familienspaziergang ziemlich schrecklich. Das hat sich geändert. Vorausgesetzt, wir sind bereit, uns wegzubewegen, weg vom Computer, vom gemütlichen Sofa, raus aus dem Haus, ist der Spaziergang heute etwas, das zu den Freuden des ruhigeren Alltags der späteren Jahre gehört.

Zum Glück gibt es in jedem Freundeskreis Spezialisten für Spaziergänge. „Ich weiß da einen schönen Weg, den müssen wir mal zusammen gehen", sagt einer, und die anderen nicken froh. Dass dieser Gang dann meistens in einer Gastwirtschaft endet, ist eine sehr willkommene Begleiterscheinung, die dazu führt, dass man sich zu neuen Taten verabredet.

Ganz anders, wenn wir alleine „spazieren", Wege gehen, die wir neu erleben, weil die Jahreszeiten Wald und Wiesen, Himmel und Erde verändern und auch unsere Wahrnehmung. Wir denken an Ludwig Uhland, wenn wir im Frühling sehen, dass „die Welt schöner wird mit jedem Tag, man weiß nicht, was noch werden mag", wir erleben Herbstnebel mit Eduard Mörike, „... bald siehst Du, wenn der Schleier fällt, den blauen Himmel unverstellt", und wandern im Advent mit Joseph Eichendorff „aus den Mauern bis hinaus ins freie Feld".

Anders als früher setzen wir heute die Füße achtsam auf Moos, Laub, Schnee oder Eis, atmen mit den Schritten, stellen uns Fragen, wie es berühmte Spaziergänger vor uns taten. Immanuel Kant, der Philosoph, sicherlich ein Ausnahmespaziergänger, weil täglich, präzise zur gleichen Zeit, nämlich „um sieben Uhr abends" unterwegs, so pünktlich, dass die Königsberger ihre Uhren nach ihm stellen konnten; Friedrich Hölderlin, der Tübingen umrundete und die

Neckarlandschaft pries mit den Worten „in den Tälern wacht mein Herz mir auf"; Martin Heidegger, Gespräche mit Zeitgenossen führend und von Denk-Wegen sprechend, und natürlich Johann Wolfgang von Goethe, der so unvergleichlich ausdrückte, was Spazierengehen auch sein kann, als er schrieb: „Ich ging im Walde so vor mich hin und nichts zu suchen, das war mein Sinn." Von ihm stammt aber auch der Satz „Ein Genie lernt auf einem Spaziergang mehr als ein Tor auf einer Reise um die Welt."

Nun sind wir weder Genie noch Tor, aber wir erleben, dass Spazierengehen etwas mit Kopf und Füßen zu tun hat, mit Denken und Fühlen und damit, dass alle Sinne beteiligt sind und im Einklang schwingen mit der Natur. Man kann unbeobachtet traurig sein, Lösungen suchen, Trost finden. Und man kann sich treiben lassen, träumen, Gedankenspaziergänge machen und feststellen, dass man erst alt werden musste, um zu verstehen, was es heißt, frei denkend seiner Wege zu gehen, und dabei auch noch das „weiß blühende Waldvögelein" am Wegrand entdeckt zu haben in seiner bescheidenen Zierlichkeit, aufrecht stehend zwischen all dem Grün.

Das Herz ist tatsächlich aufgewacht, wie es Hölderlin beschrieb. Natürlich nicht bei jedem Spaziergang, aber doch manchmal. Wir spüren das auf dem Rückweg, beim Aufschließen der Haustüre, dem Ablegen des Mantels, dem Wegstellen der Schuhe. Auch dass wir anders zurückkommen, als wir fortgegangen sind, und dass es schön ist, wieder zu Hause zu sein.

~

Es gehört zum Begriff des Spazierengehens, dass man keinen ernsthaften Zweck damit verbindet.

Wilhelm von Humboldt (1767–1835)

Mein roter Ledersessel

Er ist von stattlicher Statur und wirkt sehr einladend für kurze oder längere Pausen im Alltag. Er schaut mich an aus seinen Rillen in der Rückenlehne. Wenn ich mich hineinsinken lasse, umfängt er mich mit seinen Armen, stützt fürsorglich meinen Nacken. Während ich mit den Füßen nach dem kleinen Hocker angele, um die Beine zu entlasten, suchen die Schultern Halt. Der Sessel und ich stöhnen wohlig, wenn die richtige Lage gefunden ist. Er ist gepolstert mit Erinnerungen, ich schließe die Augen und warte darauf, dass er sie mir schickt. Sie kommen zuverlässig und ich nehme sie auf wie alte Bekannte.

Denn dieser rote Ledersessel kennt mich gut. Er gehörte meiner Mutter. Vier Jahrzehnte verbrachte sie mit ihm. Davon eines mit zwei kleinen Kindern in Kriegs- und Nachkriegsjahren und der Sorge um den Ehemann, der als Soldat in Gefangenschaft geraten war. Meist saß der kleine Sohn, für sie Abbild des Vaters, mit ihr zusammen im Stuhl, die jüngere Tochter davor auf dem Hocker. Das sind die ersten Erinnerungen an den roten Ledersessel.

Der Vater kam zurück, die Kinder wurden erwachsen, suchten ihre Wege, gründeten Familien, kamen und gingen, der Sessel blieb. Es gab Jahre der Krankheit und der Abschiede, damit verbunden Erfahrungen, die Trauriges, aber auch viel Gutes brachten. Als die Eltern nicht mehr da waren, wurde der Haushalt aufgelöst, der Sessel zog bei mir ein. Und ab da hatte ich einen Verbündeten. Er bewahrt meine Kindheit und die Jahre des Erwachsenwerdens für mich auf, und er hört zu, wenn meine Gedanken auf Reisen gehen.

Ein solcher Sessel, ein Möbelstück, groß oder klein, das zurückführt und Menschen in Erscheinung treten lässt, die damals wichtig waren, steht in vielen Häusern und Wohnungen. Wenn wir älter geworden sind, beginnen diese Dinge mit uns zu sprechen. Es sind Nachrichten aus frühen Jahren, die sie uns senden, Nachrichten, die zwar immer da waren, aber erst jetzt bei uns ankommen. Sie breiten sich aus in unseren Sinnen, wir hören, sehen, fühlen, riechen, schmecken sie. Die Sommerwärme der Steintreppe im Garten der Großmutter zur Mittagszeit zum Beispiel, wenn alle anderen im Haus waren, um sich auszuruhen, die Ameisen, die in den Erdfugen zwischen den Steinen hin- und herliefen, die leisen, vielstimmigen Geräusche des Gartens, sein Geruch und der Geschmack der Herzkirschen. Und auch die ersten Traurigkeiten, die noch ganz unbekannt waren, aber doch stark fühlbar, irgendwo im Herzen oder überall.

Psychologen sprechen hier von Eindrücken, die in unserem Langzeitgedächtnis gespeichert sind und sich in späten Jahren mehr und mehr bemerkbar machen. Sie sagen auch, dass wir in unserem Rückblick auf eine Vergangenheit, in der wir noch nicht stark und vernünftig sein mussten, Dinge verklären, Nöte verdrängen und so der Nostalgie erliegen, dem Heimweh nach vermeintlich guten alten Zeiten.

Sentimentalität des Alters mögen manche das nennen, gesteigerte Gefühlsaufwallung, unrealistische Wahrnehmung.

Das mag so sein. Aber die halbe Stunde in meinem roten Ledersessel, in der ich aufatme, Last ablege, diese Sentimentalität zulasse, ist eben auch ein Gewinn dieser späten Jahre, der zurückführt zu mir und zu Menschen, die zu mir gehörten. Und wie man das nennt, ist mir eigentlich egal. Meinem Sessel, aus dem ich mich gestärkt erhebe, auch.

~

Die Erinnerung ist das einzige Paradies,
aus dem uns niemand vertreiben kann.

Jean Paul (1763–1825)

Vitamine fürs Gemüt

Wenn über das Älterwerden gesprochen wird, geht es oft darum, was man nicht tun sollte, damit die Gesundheit nicht leidet, und darum, was man tun muss, um den Nachkommen keine Probleme zu bereiten.

Das ist sicherlich alles gut gemeint. Wo aber steht geschrieben, dass Ältere nicht Freude an gutem Essen und Trinken haben sollten? Eigentlich nirgendwo. Es gilt Maß zu halten, natürlich, was übrigens auch in jungen Jahren vernünftig ist, das heißt aber keineswegs, sich nichts zu gönnen.

Gern wird auch behauptet, dass wir, weil gemächlicher, sozusagen auf Sparflamme lebend, weniger Kalorien brauchen als früher, dass wir aber viel trinken sollen. Gemeint ist Flüssigkeit und nicht Bier oder Wein. Das alles wissen wir selbst und wollen es von anderen gar nicht hören.

Sprechen wir also lieber über die Augenblicke des Genießens, über Mahlzeiten, jene schönen und wichtigen „Termine" mit anderen und auch mit uns selbst.

Für die einen ist es das Frühstück mit der Zeitung, vielleicht der Zigarette danach, das sie am meisten genießen, für andere das Mittagessen mit der Aussicht auf den folgenden Mittagsschlaf und für viele – sehr viele – das Abendessen, die Brotzeit. Dazu gehört auch das Glas Wein oder Bier, es muss nicht bei einem bleiben, egal ob alleine oder – viel schöner natürlich – in guter Gesellschaft genossen. „Wo man trinkt, wird auch gesprochen", lautet eine Volksweisheit, die sich bestätigt, schaut und hört man am Abend in eine Gastwirtschaft hinein. Mit jedem „Prost" hebt sich die Stimmung, wächst die Begeisterung für den Tischnachbarn und die Freude am Gespräch.

Ältere, die mäßig trinken, das haben Wissenschaftler erkundet, sind ebenso gesund oder krank wie Ältere, die keinen Alkohol trinken. Und selbst wenn es nicht so wäre, der Schoppen am Abend, in manchen Landstrichen Dämmerschoppen genannt, ist für Lebenskenner ein unverzichtbares Ritual, das anregt zu entspanntem Rückblick auf den vergangenen Tag und zu Plänen für den kommenden. Neige sich der Abend, so sagen sie voller Vorfreude, schenken ein oder mehrere Gläser den Gedanken und Gesprächen jene Schwerelosigkeit, die im Alter nötig werde, um manches zu ertragen, aber auch Zuversicht und Fantasie, die man brauche, um die Dinge in besserem Lichte zu sehen, als es den Tatsachen entspreche. So entstehe eine angenehme Gelassenheit, die es ermögliche, mit der Feststellung „das entscheide ich morgen" den Tag zu beenden. Das sah wohl auch schon Hippokrates von Kos, der berühmte Arzt der Antike, so, als er sagte: „Der Wein ist ein Ding, in wunderbarer Weise für den Menschen geeignet, vorausgesetzt, dass er bei guter und schlechter Gesundheit sinnvoll und in rechtem Maße verwandt wird."

Zum Wohle, verehrter Medikus der Griechen! Etwas schlichter haben das auch unsere direkten Vorfahren in dem Sprichwort „Essen und Trinken hält Körper und Seele zusammen“ zum Ausdruck gebracht, mit dem auch wir uns gerne zuprosten. Vitamine fürs Gemüt werden da geliefert, und sie helfen mit, das Alter zu leben. Wir können sie uns selbst verordnen. Der Schoppen am Abend ist nur eine, aber eine sehr beliebte Variante.

Eine Flasche Wein
enthält mehr Philosophie
als alle Sachbücher.

Louis Pasteur (1822–1893)

Da hilft nur beten

Vertraut wie die kuschelige Zudecke war uns als Kind das Abendgebet:

Müde bin ich, geh zur Ruh,
schließe meine Augen zu,
Vater, lass die Augen dein
über meinem Bette sein.

Irgendjemand beugte sich über uns und sagte „schlaf schön".

Heute ist das anders, entweder schläft der Bettnachbar schon oder wir sind alleine und wünschen uns selbst eine gute Nacht. „Morgen früh, wenn Gott will, wirst du wieder geweckt." „Hoffentlich", fügt man dann noch schnell hinzu.

Für viele Menschen ist es ein großes Geschenk, beten zu können. Im Gebet bitten sie darum, dass sich eine Krankheit bessern, ein Unglück nicht eintreten oder ein Mensch aus Gefahren heil zurückkommen möge. Frauen haben in Kriegszeiten für die Rückkehr der Männer, Väter, Brüder und Söhne gebetet, dabei Trost und Kraft gefunden. Gläubig oder nicht, sie teilten ihre Not und ihre Angst mit, und schon das bedeutete Erleichterung.

Auch wenn wir heute nicht mehr fromm die Hände falten wie damals als Kinder, die Gebete und ihre Texte sind geblieben. Manchmal erschließt sich erst jetzt ihr Sinn. Denn es verbirgt sich ein gutes Quantum an Lebenserfahrung in ihnen. Und die Heiligen, die angerufen werden, zeigen sich als Partner und Experten, zuständig für alle möglichen Fachgebiete und Situationen des Alltags.

An erster Stelle die 14 Nothelfer, immer wieder der heilige Antonius, der voller Aufregung angerufen wird, wenn etwas verloren ging, und natürlich der Schutzengel, der, auf moderne Zeiten eingestellt, zum Beispiel von motorisierten Senioren folgendermaßen angesprochen werden kann: „Heiliger Schutzengel mein, steig mit mir ins Auto ein. Nimm das Steuer in die Hand und führe mich durch Stadt und Land. Amen."

Es gab und gibt auch Gebete für bestimmte Altersgruppen, darunter Männer und Frauen jenseits der Lebensmitte, heute Senioren genannt. Dass sich deren Eigenschaften, wie es scheint, in hundert Jahren nicht verändert haben, zeigt folgende, in einer Bitte vorgebrachte Erkenntnis: „Herr, erhalte mich liebenswert", heißt es da, „und bewahre mich vor der Einbildung, bei jeder Gelegenheit und zu jedem Thema etwas sagen zu müssen, erlöse mich von der großen Leidenschaft, die Angelegenheiten anderer ordnen zu wollen, und lehre mich zu schweigen über Krankheiten und Beschwerden. Sie nehmen zu und die Lust, sie zu beschreiben, wächst von Jahr zu Jahr."

Diese „Litanei der alten Leute" könnte heute, als Lied vertont, zu Beginn eines jeden Seniorentreffs gesungen werden. Ebenso das Gebet am Lebensabend, in dem es heißt: „Dank allen, die mich nicht übersehen, als wäre ich schon längst nicht mehr unter den Lebenden, allen, die mich noch ernst nehmen, obwohl ich schon wunderlich geworden bin, und Dank allen, die mir noch zuhören, obwohl ich immer wieder die nämlichen Geschichten erzähle."

Kommt uns doch alles sehr bekannt vor, worum hier gebeten und wofür gedankt wird. Voll Vertrauen darauf, dass es im Himmel Seniorenbeauftragte gibt, die diese Gebete erhören.

~

Die zitierten Gebete stammen aus „Gebeteter Glaube",
Sammlung alter Gebete, herausgegeben vom
katholischen Seniorenforum der Diözese Würzburg,
erschienen im Echter Verlag.

Ein Hoch auf den Stammtisch

„Hab ich am Stammtisch gehört“, ist eine gängige Antwort auf die Frage: „Woher weißt du das?“ Denn das Angebot an Neuigkeiten, wahr oder nur vermutet, ist an Stammtischen enorm. Haben Sie auch einen? Eine vertraute Runde, die sich regelmäßig trifft, sich schon ewig kennt und fast alles voneinander weiß?

Wenn nicht, sind Sie arm dran, aber vielleicht nimmt Sie mal einer oder eine mit. Dann können Sie sehen, wie schön es sein kann, fest verabredet zu sein, lauthals Meinungen zu vertreten, die sich entweder als unhaltbar erweisen, was zu langen Diskussionen führt, oder aber als vertretbar, wozu ein vielstimmiges „genau“ zu hören ist, sich gegenseitig auszufragen, von den Enkeln zu erzählen, vom Superhotel in Irgendwo zu schwärmen und mit ein paar Sätzen das neueste Gerücht über eine ehemalige Stammtischfreundin zu verbreiten. Was man eben so tut als Stammtischschwester oder Stammtischbruder.

Dass diese Treffen meistens in einem Lokal stattfinden, wo man auch isst und trinkt, gehört dazu. Der Tisch ist traditionell mit einem Schild gekennzeichnet, somit für die Stammtischrunde reserviert, und das wirkt sehr einladend. Fremde werden vom Wirt verscheucht, was wiederum auf diese sehr ungastlich wirkt.

Früher, vor allem auf dem Land, war die Zugehörigkeit zu einem Stammtisch an einen sozialen Status gebunden. Bis weit ins vergangene Jahrhundert hinein saßen im Dorfgasthaus dort hauptsächlich die örtlichen Honoratioren. Es war eine Auszeichnung, dazuzugehören. Historisch betrachtet, war der Stammtisch rein männlich besetzt. Gar manche Gemeindeangelegenheit wurde da verhandelt, und natürlich auch manche Klatschgeschichte ausgebreitet. Vor allem aber war der Stammtisch ein fruchtbarer Nährboden für das Gedeihen guter Beziehungen. Und das ist so geblieben. Heute sagt man dazu allerdings „Netzwerke“, und daran sind inzwischen auch die Frauen heftig beteiligt. Es treffen sich die Elternbeiräte, die Sammler, die Kleingartenfreunde, die Tierschützer, der Seniorenrat, beiderlei Geschlechts. Und natürlich gab und gibt es hochgeistige, literarische, wissenschaftliche, politische Stammtische, die eher den Namen Club oder Zirkel verdienen, man trifft sich auch nicht, sondern hat ein „Meeting“.

Was wir aber für unsere Seele brauchen, ist das örtlich verankerte, gemütliche, bürgerliche Beisammensein zu gegenseitiger Begutachtung und eigener Nabelschau.

An den festgelegten Terminen wird nicht gerüttelt, einmal bestimmt, bleiben sie Jahre, Jahrzehnte unverrückbar. Verlässliche Termine im Kalender sind das, Rituale fast, die auch dazu führen, dass man sich „kümmert“. Wenn jemand unentschuldigt fehlt, wird nachgefragt, wenn nötig Hilfe angeboten. Und sitzen unter den Stammtischfreunden welche, die gut organisieren können, dann wird mindestens einmal im Jahr ein Ausflug geplant, für einen Tag oder länger, mit Bus oder Bahn in eine Großstadt oder in die

Natur, und alle sind dabei, mit und ohne Rollator.

Es soll auch Leute geben, die an mehreren Stammtischen mitreden. Nicht gerade gleichzeitig, aber beinahe. Die verfügen natürlich über einen besonders weiten Horizont und über ein vielfältiges Angebot an Neuigkeiten. Und klar ist, dass gerade auch Alleinstehende willkommen sind, ihre Nachrichten haben besonderen Wert, denn sie erzählen nicht ständig von Kindern und Enkeln. Den interessantesten Gesprächsstoff aber bieten diejenigen, die nicht anwesend sind oder früher gehen.

Oberste Stammtischpflicht ist daher, zu den Terminen zu erscheinen, auch, wenn man mal keine Lust hat. Wie heißt es so schön beim Abschied? „Also dann bis zum nächsten Mal." Wer sich entschuldigt, muss das gut begründen, und wenn's mit einer Lüge ist. Sie nützt aber nichts, weil sie doch rauskommt, denn in einer Stammtischrunde bleibt nichts verborgen.

~

Alles ist erlaubt, nichts ist wahr.

Anonymer Stammtischbruder

Lieblingsbuch der Kinderzeit

An unser liebstes Bilderbuch können wir uns fast alle erinnern. Egal wo, egal wann, in Kriegs- oder in Friedenszeiten, gemeinsam mit Geschwistern oder alleine, besonders unvergessen vor dem Einschlafen im Bett, wenn noch eine Geschichte vorgelesen wurde. Kommt die Rede darauf, gibt es die schönsten Rückblenden auf die Bücher der Kinderzeit: Peterchens Mondfahrt, Hänschen im Blaubeerwald, Magister Fuchs von der Häschenschule oder die Märchen von Hans Christian Andersen, in denen uns der standhafte Zinnsoldat, die kleine Meerjungfrau und die wilden Schwäne begegneten.

Die bunten, manchmal geheimnisvollen Bilder und Zeichnungen, die die Geschichten begleiteten, schickten die Gedanken auf Reisen.

Sie schenkten uns damit einen Schatz, der ein Leben lang funkelt und strahlt. Als das tapfere Schneiderlein König wurde und die arme Müllerstochter Königin, fühlten wir Gerechtigkeit, als der verliebte, einbeinige Zinnsoldat in Flammen aufging und schmolz, große Traurigkeit, und als die wilden Schwäne durch die Liebe ihrer Schwester wieder Königssöhne wurden, großes Glück. Bald traten Robinson Crusoe, Old Shatterhand und Huckleberry Finn auf, Onkel Toms Hütte faszinierte, die Welt wurde größer und wir auch.

Nur ein paar Beispiele sind das aus der Bücherkiste unserer Kindheit und Jugend. Und es wäre kein schlechter Gedanke, wieder einmal hineinzugreifen und Wiedersehen zu feiern mit all den Gestalten, die uns bewegten, uns zu erinnern, wann und wo wir sie gelesen haben. Damals vielleicht, in der Nachkriegszeit, wie eine Siebzigjährige erzählt, als sie die Masern hatte mit hohem Fieber. Kein anderes Kind durfte sie besuchen. Es gab keine Medikamente, sie musste im Bett liegen, tagelang, wochenlang, wie es ihr heute scheint. Es war die Großmutter, die ein dickes Buch brachte, bunt eingebunden, mit wunderbaren, ganzseitigen Bildseiten, die mit Seidenpapier geschützt waren, das leise knisterte, wenn man sie umdrehte. „Märchen aus 1001 Nacht“ stand in goldenen Buchstaben auf dem roten Einband. Und dieses Buch verzauberte das kranke Mädchen. Es las und las, schlief immer mal ein, träumte die Geschichten weiter, und noch heute glaubt sie ganz fest, dass es das Buch war, das sie wieder gesund gemacht hat.

In den Jahren des Erwachsenwerdens gab es immer wieder neues Leseglück, Autoren tauchten auf, begleiteten uns eine Weile, wurden von anderen verdrängt und kehrten irgendwann wieder in unser Herz zurück. Denn wer liest, hat Lieblingsromane, die je nach eigener Lebenssituation neu entdeckt werden. Dass man heute auch Bücher mit Hilfe eines kleinen elektronischen Gerätes, das in die Tasche passt, verschlingen kann, wissen wir wohl. Doch altgediente Leser und Leserinnen lieben ihre eigene Bibliothek zu Hause in den Regalen. Dort stehen die Bücher, zeigen ihnen die Rücken, wollen herausgenommen werden und freuen sich, wenn ein neues Exemplar dazukommt. Eines Tages aber sind es zu viele, Platzmangel herrscht, Bücher in Zweierreihen, das ist Frevel. Man müsste aussortieren. Es beginnt ein sentimentales Abwägen. Was ist mit der bunten Reihe der Suhrkamp-Taschenbücher, die damals, in den Sechzigern, Kult waren? Liest man die noch einmal? Wohl kaum, aber hergeben kann man sie auch nicht. Andere müssen dran glauben. Kisten stehen bereit, der Trennungsschmerz ist groß, und schon eine Woche später weiß man, dass man die falschen weggegeben hat. Das rote Buch der Kindheit aber hat nichts zu befürchten. Es behält seinen Ehrenplatz und wird liebevoll abgestaubt.

~

Lest Bücher,
sie sind kleine Inseln der Freiheit
im Meer der Zensur.

Kurt Tucholsky (1890–1935)

Begegnung mit Alma

Sie will auf keinen Fall hundert Jahre alt werden. Denn sie fürchtet, dass sie dann „in die Zeitung kommt“. Mit einem Foto, das sie sitzend in einem Lehnstuhl zeigt, obwohl sie gut noch stehen könnte. Daneben eine oder zwei Damen aus dem Pflegeheim, in dem sie dann vielleicht leben wird, die sich fürsorglich zu ihr herunterbeugen, als wollten sie nachschauen, ob sie auch die Bluse richtig zugeknöpft hat. Und ganz rechts, hoch aufgerichtet, der zweite oder dritte Bürgermeister der Stadt. Stolz in die Kameras und damit den Zeitungslesern mitten ins Gesicht schauend, so als wolle er sagen: Schaut her, keine Bürgerin in dieser Stadt ist zu alt, als dass ich sie nicht mit meinem Besuch beehren würde.

Nein, das will sie auf jeden Fall verhindern. Also hat sie damit begonnnen, nicht mehr zu zählen. Wenn sie gefragt wird, wie alt sie denn ist, sagt sie jetzt immer „ein bisschen über 90“. Da sie ziemlich flott daherkommt, glaubt ihr das niemand, jedenfalls sagen alle immer sofort „das sieht man Ihnen aber nicht an“. Sie antwortet dann „warum sollte man denn“, worauf meistens keine Rückmeldung mehr kommt. Sie legt auch keinen Wert darauf, will auch nicht gefragt werden, wie viele Zigaretten sie denn noch raucht, wenn sie sich eine ansteckt, denn sie findet, dass das eigentlich niemanden etwas angeht. Höchstens den Hausarzt. Und der sagt, sie habe noch Zeit bis zur letzten. Er sieht übrigens Humphrey Bogart ähnlich, den sie so gerne geheiratet hätte, weil er so unnachahmlich elegant die Zigarette zwischen den Fingern hielt.

Wenn Alma, um sie handelt es sich, heute mit ihrem spitzen Hut, mit dem sie ein wenig an den alten Fritz erinnert, auch ihre Nase trägt zu diesem Eindruck bei, in der Grünanlage, die besonders von Hundebesitzern aufgesucht wird, unterwegs ist, erlebt sie immer wieder, dass sie von den Vierbeinern angekläfft wird. Freudig, wie sie feststellt. Vor allem die großen, alten Hunde schenken ihr Aufmerksamkeit und schauen sie mit ihren noch immer glänzenden Hundeaugen an, so als ob sie sagen wollten, „mach dir nichts draus, alt sein ist auch ganz schön“. Sie knurrt dann zustimmend, die Hunde verstehen das und trotten zurück zu Herrchen oder Frauchen, denn sie müssen gehorchen.

Sie nicht. Sie weiß, dass sie ein wenig quergebürstet ist, das war sie schon immer. Früher musste sie sich manchmal zusammenreißen, um keinen Ärger zu machen. Das ist jetzt nicht mehr nötig, sagt sie sich. Sie hat die Freiheit des Alters entdeckt, und es macht ihr diebischen Spaß, das auch zu zeigen. Sie reist zwar nicht wie andere Senioren und hat auch keinen Stammtisch, aber sie ist viel unterwegs in der Umgebung mit Bus und Bahn, und sie geht ins Kino. Dort erschließt sie sich Welten, besucht ihre Lieblingsschauspieler und nimmt die Geschichten mit nach Hause. Manchmal, wenn sie an der Kinokasse einen jungen Mann oder ein junges Mädchen sieht, die alleine sind, lädt sie sie ein und zahlt die Karte. Gerne blickt sie in die Gesichter junger Menschen. Manchmal sieht sie sich selbst darin.

Eine „unwürdige Greisin" will sie sein, sie hat das versprochen, damals vor zehn Jahren, als sie sich von ihrem Mann, der außer ihr auch Bert Brecht verehrte, verabschiedete. Bevor er die Augen schloss, sagte er „bis jetzt war es ein tolles Leben". Sie nahm es als Liebeserklärung. Dass Zurückbleiben der schwerere Part ist, hat sie dann erfahren wie alle, denen das beschieden ist. Sie wollte aber nicht wie „ein Rest" herumstehen und hat dem Leben wieder ins Gesicht geschaut. Auf Augenhöhe, wie man so schön sagt, verhandelt. Wer noch da ist, wird gezählt, das war die gewonnene Erkenntnis. Und mit den Jahren kam noch eine zweite dazu, und die lautet: Ich bin alt, also bin ich, und außerdem frei.

Die alten Hunde trifft sie nach wie vor, und inzwischen hat sie sich ein neues Bett gekauft. Ein teures, die Verkäuferin war erstaunt „Es wird mein Sterbebett sein", hat sie ihr ins Gesicht gesagt „das darf schon etwas kosten, oder?"

Die Verkäuferin staunte noch mehr, und Alma amüsierte sich. Aber eigentlich hat sie nichts dagegen, wenn es noch ein paar Runden weitergeht in ihrem Altersleben. Ein paar Filme dürfen es auch noch sein, Brecht und Bogart wird sie treu bleiben und noch manche Zigarette rauchen. Nur eben hundert möchte sie nicht werden. Und wenn doch, dann muss neu verhandelt werden.

~

Für die, deren Zeit gekommen ist,
ist es nie zu spät.

Bert Brecht (1889–1956)

Ausgemistet und aufgeräumt

Egal ob wir im eigenen Haus, in einer Wohnung oder im Seniorenheim leben, irgendwann im Jahreslauf regt sich das Bedürfnis nach Aufräumen, Ausmisten oder zumindest Ordnungmachen. Es sind die Reste der Gefühle, die uns in aktiven Jahren zum „Großen Frühjahrsputz" getrieben haben und die einfach keine Ruhe geben wollen, bis wir bereit sind, „klar Schiff" zu machen. Und doch fällt es schwer, wirklich etwas zu tun, denn man weiß sehr wohl, was das bedeutet: viel Arbeit und Trennungen.

Im unübersichtlich gefüllten Kleiderschrank beginnt der Abschied von Stücken, die längst „von vorgestern" sind. Und dabei kann es passieren, dass wir uns unversehens auf eine Erinnerungsreise begeben. Wenn wir dem Lieblingskleid von früher begegnen, heute viel zu eng, aber ehemals superschick, oder dem grünen Schal, den wir damals im Urlaub in Italien erstanden haben. Jedes Teil, das wir in die Hand nehmen, kann etwas erzählen. Längst vergessene Gesichter tauchen auf, Landschaften, Stimmungen und manchmal auch Gefühle, die einmal groß waren. Dennoch, weg damit. Männer allerdings, das muss hier gesagt werden, trennen sich freiwillig von nichts, ihre hundertjährigen Sakkos und Pullis sind heilig.

Einfacher ist es mit dem Karton, in dem die unsortierten Fotos lagern, teilweise noch schwarzweiß, der in der Kommode immer wieder von einer Seite auf die andere geschoben wird. Aber natürlich kann man den nicht so einfach entsorgen, da muss man erst einmal hineinschauen. Was dann länger dauert als gedacht. Auch die Briefe und Postkarten, die danebenliegen, können nicht ungelesen in den Papierkorb wandern, mit den Zetteln, alten Rezepten, Prospekten und Einladungen, die sich auf dem Schreibtisch häufen, geht es leicht. Sind die wichtig oder wurden die nur nicht aufgeräumt? Und was ist mit den

Dingen, die überall herumstehen und schon gar nicht mehr wahrgenommen werden, Mitbringsel, einzelne Teller, angeschlagene Vasen? Nur nicht aufgeben. Ist der Anfang erst einmal gemacht, staunt man über die eigene Ausdauer. Mit jedem abgetragenen Häufchen, jeder leeren Schublade kehrt ein Stück Erleichterung ein. Die Müllsäcke sind ein wahrer Segen, aber bitte nicht wieder rausholen, was mal drin ist.

Das Gute an dieser Aktion: Der Erfolg ist sofort sichtbar. Wie viel schöner sieht das Wohnzimmer aus. Alles wirkt viel heller und einladender. Es gibt wieder Platz, die Bücher stehen nebeneinander, wie es sich gehört, und nicht in zwei Reihen. Man verspürt Lust, neue zu kaufen. Das Fensterbrett ohne die vielen leeren Blumentöpfe und abgestellten Kleinigkeiten lässt Licht in den Raum, der Platz mehr im Kleiderschrank gar macht glücklich.

Bald zeigt sich, dass nicht nur die Schubladen verstopft waren, sondern auch die Seele. Wie kann Gutes in unser Leben kommen, wenn es „zugemüllt ist“ mit Dingen, die belasten, mit unnötigen Zugeständnissen, nutzlosen Einmischungen, Verpflichtungen, die gar nicht mehr gefragt sind, und lästigen Terminen?! Aufräumen bedeutet hier Loslassen, und Loslassen ist eine Kunst, die das Leben leichter machen kann, ein Abstandnehmen, ein Freiwerden. Nicht ohne Grund spricht man von „aufgeräumter Stimmung". So können wieder Pläne entstehen, die in die Zukunft reichen. Was nicht heißt, dass die Vergangenheit nichts wert ist. Aber wenn sich die Jahre mehren, ist es gut, einen klaren Blick zu haben auf das, was war, und offen zu sein für das, was ist. Mit kleinem Gepäck, dafür aber mit großer Gelassenheit, sind die „Alterswege" besser zu gehen. Denn wo wir losgelassen haben, entsteht keine Lücke, sondern Entlastung und eine neue Sicht auf die Vielfalt des Alltäglichen.

Eigentlich hat man jetzt eine Belohnung verdient. Ein schöner Blumenstrauß sollte es schon sein.

~

Die Basis einer gesunden Ordnung
ist ein großer Papierkorb.

Kurt Tucholsky (1890–1935)

Antons Liebeskummer

Die Enkel werden noch schneller groß als die eigenen Kinder. Kaum geboren, sind sie im Kindergarten und Großmütter wieder singend beim Martinszug mit der Laterne unterwegs. Alles wie gehabt. Bis auf die Doppelschleife, die müssen Großmütter nicht mehr beherrschen, seit es Klettverschlüsse gibt für Kinderschuhe.

Zwar ist die Rolle der Großeltern nirgendwo definiert, doch erfüllen sie auch so weitgehend die Vorstellung, wonach sie stets einsatzfähig, großzügig und gut gelaunt sein sollten. Wenn die Kleinen zu Besuch kommen und übernachten, herrscht Hochstimmung, wenn sie wieder gehen, Erschöpfung. Man spürt die Jahre in den Kniegelenken und anderswo. Der Fußboden als Spielplatz scheint inzwischen weiter entfernt zu sein als früher. Aber die Stimmung ist entspannt, weil ungestört durch Erziehungsaufgaben. Bis auf die Tischmanieren. Die lernen Enkelkinder nur bei den Großeltern.

Und wenn alles gut läuft, dann entwickelt sich nach und nach eine Allianz, die sich ganz unauffällig, aber durchaus effektiv bewährt. Anton zum Beispiel, inzwischen 16 Jahre alt, seiner Großmutter längst über den Kopf gewachsen und ein wichtiger Informant über alle Dinge, „die so abgehen“, hat festgestellt, dass es nicht schlecht ist, eine verlässliche Anlaufstelle zu haben. Eine Adresse, wo es mit Sicherheit etwas zu essen, etwas Kleingeld und wenn nötig Verteidigung und Zuspruch gibt.

Denn natürlich steht die Großmutter, egal worum es auch geht, immer auf Seiten des Enkels. Nach dem Motto: Die Welt ist schlecht, aber alle Enkel dieser Welt sind gut und brauchen dringend Großeltern im Kampf um das Überleben in der Konfliktzone Elternhaus. Da kann es um die unterschiedlichsten Dinge gehen: Zustimmung zur Führerscheinprüfung, Unterstützung bei der Frage der Finanzierung, Genehmigung für die

Party am Samstag, familiäre Wiedergutmachung nach Streit oder um das nötige Sponsoring für die Anschaffung einer supercoolen Kuriertasche. All diese Probleme müssen absolut diskret behandelt werden, denn Großeltern sollen zwar helfen, sich aber bitte nicht einmischen. Auch dann nicht, wenn es unübersehbar ist, dass Anton in einer Krise steckt. Es scheint eine Lebenskrise zu sein, denn er verkümmert zusehends. Großmutter kennt das. Ein Blick hat genügt und sie wusste, was Sache ist: Nie mehr wird er sich so verlieben, nie mehr wird er so leiden, nie mehr wird er glücklich sein. Sein Liebeskummer hat den Höhepunkt auf der Gefühlsskala eines Sechzehnjährigen erreicht. Er, der noch vor einem Jahr betonte, dass es heutzutage keinen Liebeskummer mehr gebe, höchstens Beziehungsstress, und den müsse man nur richtig definieren, dann wisse man, wo man stehe – steht total daneben.

Was tun? Großmutters Mitleid ist riesig. Aber auch ihre Zuversicht. Anton wird überleben. Auch sie ist damals vor 60 Jahren nicht gestorben. Die Fälle von Liebeskummer ändern sich kaum von Generation zu Generation. Was sich aber grundlegend geändert hat, ist die Art der Kommunikation. Wartete man in ihrer Zeit sehnsüchtig auf den Briefträger, rannte zum Telefon, das im Flur der Wohnung stand und so schrill läutete, dass alle Familienmitglieder die Ohren spitzten, so verschwindet Anton heute mit seinem Handy an einen ruhigen Platz, gerne im Bad, zur Not auch an einen anderen stillen Ort. Wenn er wieder rauskommt, kann sich das Blatt gewendet haben. Zumindest ein bisschen. Was aber nicht bedeutet, dass er nicht weiterhin Hege und Pflege der Großmutter bedarf. Und sei es nur in Form eines besonders guten Abendessens oder des Erwerbs eines besonders coolen T-Shirts, besser noch von super Schuhen. Großmutter entdeckt für sich auch ein Paar und zieht einen Kauf in Erwägung.

~

Die Jugend wäre eine schöne Zeit,
wenn sie erst später im Leben käme.

Charlie Chaplin (1898–1977)

Ein Tag in Geschenkpapier

Wer schenkt eigentlich uns Alten noch etwas? Eigentlich niemand. „Du hast ja keine Wünsche", sagen die Jungen und bringen Pralinen, die wir nicht essen sollen. Woher können sie wissen, was wir uns wünschen, was wir brauchen? Altwerden ist eine Sache, die nur die Älteren etwas angeht. Außerdem gibt es nichts Neues darüber, abgesehen von Forschungsergebnissen, die nicht selten nach ein paar Jahren wieder zurückgenommen oder anders interpretiert werden. Und unseren wichtigsten Wunsch, mit Anstand und in Wohlergehen in die Jahre zu kommen, können sie uns nicht erfüllen. Darum müssen wir uns schon selbst kümmern.

Altwerden ist außerdem eine Sache, die sich nicht plötzlich und unerwartet ereignet. Es dauert schließlich Jahrzehnte, bis wir so weit sind. Jahrzehnte, in denen wir ein gutes Polster an Erfahrung angesammelt haben, das anderen zugute kommt, in denen wir uns aber nicht auf unser eigenes Alter vorbereitet haben. Ziemlich unklug übrigens, besonders weil wir nur zu genau wissen, dass wir es tun sollten. Denn auf keinen Fall ist Alter ein Lebensrest, sondern ein Lebensabschnitt, der immer mehr ins Blickfeld rückt, wenngleich eigentlich niemand weiß, was da auf einen zukommt.

„Früher war ich jung, jetzt bin ich alt", so eine ehemalige Gymnastiklehrerin, „man wird sehen". Jeden Morgen, so berichtet sie, absolviere sie bei offenem Fenster in ihrem Wohnzimmer ihr eigenes „Programm zur Lebendigerhaltung", wie sie das nennt. Sie atmet bewusst und lässt keine Übungen aus. Seit 30 Jahren immer die gleichen. Sie tue das aber nicht, um jung zu bleiben, stellt sie energisch fest, sie tue das, um möglichst lange ihre Strümpfe alleine anziehen und die Luke zur Bodenkammer öffnen zu können. Vor allem aber weil sie Freude daran habe. Und das ist es, worauf es ankommt.

In der Jugend ist die Freude eine ziemlich zuverlässige Begleiterin, im Alter muss man sie sich suchen, denn das bisschen Freude, das uns andere bereiten, reicht nicht aus.

„Wenn ich abends zu Bett gehe", so die Gymnastiklehrerin, „sage ich mir, dass ich morgen ein Geschenk für mich habe, einen neuen Tag nämlich, aus dem ich etwas machen kann, etwas, was mir Freude macht. Ich stehe erst auf, wenn ich einen Plan habe."

Aufgeschrieben klingt das ein bisschen hochtrabend, gedacht aber ist das sehr klug.

Mit den Jahren kommt es tatsächlich darauf an, den Tag als Geschenk zu nehmen, ihn auszupacken, anzuschauen, sich mit ihm anzufreunden. Was will ich, was kann er mir bieten, das sind die Fragen. Wobei klar sein muss, dass der Tag einmalig ist, man kann ihn nicht wiederholen, aber man kann sich auf den nächsten freuen. Und man kann einen Tag schenken. Dem Freund, der Freundin, zum Geburtstag oder auch nur so. Einen Tag, an dem man sich gemeinsam etwas gönnt, einen Kunstgenuss, einen besonders schönen Spaziergang, eine Einladung zum Essen oder zu einem Bummel durch die Geschäfte, um etwas einzukaufen, wozu man besser zu zweit ist.

Eigentlich eine ziemlich einfache Gabe und doch von so großem Wert, dass man sich noch lange darüber freuen kann. Egal ob man sich selbst oder andere damit beschenkt hat.

~

Was jeder Tag will, sollst du fragen,
was jeder Tag will, wird er dir sagen.

Johann Wolfgang von Goethe (1749–1832)

Sprechen wir darüber

Wie geht es Ihrem Hippocampus? Gut hoffentlich. Man weiß es ja eigentlich nicht so genau, weil man ihn nicht spürt. Man weiß eigentlich gar nicht, dass man einen besitzt, es sei denn, man hat Medizin studiert oder liest gerne in der „Apotheken Rundschau". Da erfährt man dann, dass der „Hippo", nennen wir ihn mal so, im Gehirn sitzt, als eine Art Navigator an allen wesentlichen Gedächtnisprozessen beteiligt ist und mit den Jahren leise vor sich hinschrumpft. Wenn er zu sehr geschrumpft ist, kann man nicht mehr so gut denken. Das muss aber nicht so sein, erklären die Experten, die uns immer wieder dankenswerterweise auf den richtigen Altersweg führen. Sie sagen, wenn man dem Hippo eine Freude machen will, dann soll man hüpfen. Schon leichtes, fröhliches Hüpfen genüge, damit sich was tut im Gehirn.

Genannt wurde der Hippocampus übrigens so – wir haben ihn doppelt, rechts und links, schön symmetrisch angeordnet –, weil er einem Seepferdchen ähnlich sehen soll. Wir müssen das glauben, denn selbst sehen können wir ihn nicht, höchstens auf Abbildungen. Da sieht er ziemlich harmlos aus. Tatsächlich aber ist nachgewiesen, dass sich unsere Denkleistung, an der der Hippocampus maßgeblich beteiligt ist, mit und ohne Hüpfen im Alter verschlechtern wird. Das wird als normal akzeptiert, wir merken es selbst, und die anderen merken es auch. Weil wir aber immer länger leben, wird es immer mehr alte Menschen mit starker und fortschreitender Gedächtnisschwäche geben, man spricht dann von Demenz. In unserer eigenen Familie, im Freundeskreis, und auch wir selbst wissen nicht, wie es uns einmal ergehen wird. Es sieht im Augenblick auch nicht so aus, als ob die Wissenschaft hier erfolgreich dagegenhalten könnte. Und deshalb ist es an der Zeit, nicht länger nur mit Schrecken daran zu denken, was das alles heißt, sondern mit Mut, den wir dringend brauchen.

Denn wer in der Altersdemenz angekommen ist, geht Schritt für Schritt in ein Nebelfeld. Eine Million Menschen sind bereits dort, und es werden mehr. Es wird dazu kommen, dass wir Demenz nicht länger als Gespenst betrachten, sondern als Realität, die mit am Tisch sitzt. Das Gute: Man spricht inzwischen darüber, vor allem über „Alzheimer“, die bekannteste Form der Demenzerkrankungen. Zuerst waren es Wissenschaftler, die aufklärten, dann Journalisten mit Reportagen und Interviews, Fernsehstücke und Kinofilme kamen dazu. Auch Berichte von Betroffenen selbst, die über ihre Ängste, ihre täglichen Siege und Niederlagen schreiben, bevor sie die richtigen Wörter nicht mehr finden. Begleitende Angehörige schildern die Tragik der Situation, aber auch, dass es immer wieder gelingen kann, die „Verlorenen“ für kurze oder auch längere Zeit zurückzuholen, und dass das gute Stunden und Tage sein können. Weil sie, trotz allem, der Vater, die Ehefrau, der Ehemann geblieben sind, mit ihrer ganzen Vergangenheit, ihrer Eigenart und ihrem Stolz. Menschen mit Demenz können glücklich sein, wenn sie nicht alleine sind, wenn sie Wertschätzung und Liebe erfahren. Sie können aber auch voller Traurigkeit sein, wenn sie ihre Hilflosigkeit spüren, ihre Defizite erkennen und nicht wissen, was auf sie zukommt. Die Krankheit hat sich an sie herangeschlichen und ihr Gehirn besetzt. Wir können nur ahnen, wie es ist, und es bleibt nichts anderes, als das zu akzeptieren. Das ist schwer, aber das Beste, was wir tun können. Darüber zu sprechen hilft dabei.

~

Da mein Vater nicht mehr über die Brücke
in meine Welt gelangen kann,
muss ich hinüber zu ihm.

Arno Geiger (geb. 1968)

Die Muße als Freundin

„Ich habe immer etwas zu tun, und das ist gut so“, sagen Ältere gern, wenn man sie fragt, wie es denn so geht. Langeweile, betonen sie, kennen sie nicht. Wenn das stimmt, sind sie zunächst einmal zu beglückwünschen. Denn es gibt leider viele unter uns, denen „die Tage lang werden“.

Als noch der Beruf den Alltag bestimmte, war freie Zeit kostbar. Das galt auch für den Beginn des Ruhestandes und für das Ende der Familienarbeit. Noch gab es viel zu tun: Ehrenamt, Enkelkinder, Hobbys, Freunde. All das forderte Einsatz. Mit den Jahren aber gehen Kontakte verloren, und auch die Kräfte lassen nach. Vieles klappt nicht mehr so richtig. „Früher wurde ich gebraucht“, klagt eine betagte ehemalige

Angestellte, für die ihr Büro mehr war als ein Arbeitsplatz, „jetzt bin ich nicht mehr gefragt". Wer an diesem Punkt angekommen ist, kann sich auf das Sofa fallen lassen und da sitzen bleiben. Das bedeutet soziale Einöde, Langeweile pur. Manchmal wird diese Leere gefüllt mit Essen und Trinken, unsinnigem Einkaufen. Gut ist das nicht.

Die beste Antwort auf die Frage „was tue ich hier?", ist deshalb noch immer, sich vom Sofa zu erheben und sich dem Leben zuzuwenden. Das kann vielerlei bedeuten, alte Sprachkenntnisse auffrischen, malen, musizieren, im Chor singen. Alles ist möglich. Denn was man früher schon mal konnte, lässt sich auch im Alter wieder anpacken. Eigentlich ist es so: Was mit Freude und ohne Zwang getan wird, tut gut. Die Ziele müssen da nicht hochgesteckt sein.

Manche allerdings, die sagen, „ich habe immer etwas zu tun", übertreiben hier, gönnen sich keine Pausen, häufen Termin auf Termin, fabrizieren unnötige Dinge, nur „um beschäftigt zu sein". Dazu kommen ehrenamtliche Aufgaben, sicherlich sinnvoll und allgemein anerkannt, aber gut leben im Alter bedeutet auch, die Zeit, die jetzt zur Erfüllung eigener Wünsche zur Verfügung steht, zu genießen.

Muße wäre jetzt das Wort, das hierhergehört, jener schöne alte Begriff, der weder Zerstreuung noch Abschalten bedeutet, sondern eher, sich in Ruhe eigenen Interessen und Talenten widmen zu können, Anregungen zu suchen, Sehnsüchte zuzulassen. „Muße und Wohlleben sind unerlässliche Voraussetzungen für alle Kultur“, hat Max Frisch geschrieben, womit auch nicht alles gesagt ist. Denn was Muße ist, kann eigentlich nur vom Innersten, vom Herzen her definiert werden. Manche sprechen vom Glück des Nichtstuns, das wir vielleicht noch aus der Kindheit kennen, als wir erstmals diesen geheimnisvollen Zustand erlebten, auf einer Treppe sitzend und einfach nachdenkend; worüber, das wissen wir heute nicht mehr, aber es war gewiss ein wichtiger Augenblick.

Muße in späten Jahren kann sich ähnlich anfühlen.

Und weil auch das Wohlleben dazugehört, sind damit auch so alltägliche Dinge wie das ausgedehnte Frühstück, der wunderbare Moment, wenn wir uns seufzend zum Mittagsschlaf in die Sofakissen fallen lassen, die abendliche Stunde mit einem Glas Wein und guten Gedanken gemeint. Und wer sich ganz bewusst auf die Jahreszeiten einlässt, sieht, riecht und fühlt, was sie bringen, erlebt bei Sonne, Regen und Schnee neue, glückliche Berührungen mit der Natur, genießt aber auch im Herbst, wenn es früh dunkel wird, die Behaglichkeit der Wohnung, liest mit Freuden, ordnet Fotografien, hört Musik. All das kann man sehr wohl alleine tun, mit der Muße als einzigem Gast und als Freundin, mit der sich gut die Zeit verbringen lässt.

~

Niemals bin ich weniger müßig
als in meinen Mußestunden,
und niemals weniger einsam,
als wenn ich alleine bin.

Marcus Tullius Cicero (106–43 v. Chr.)

Bitte loben

Warum eigentlich bewundern wir immer nur die betagten Schauspieler, Wissenschaftler, Autoren, sogar Politiker, die „noch" so attraktiv, erfolgreich und „überall dabei" sind? Gibt es nicht genügend alte Herrschaften in unserer Nachbarschaft, die Lob verdient hätten? Warum schweigen wir, wenn ein Freund Erfolg hat, anstatt ihn spontan anzurufen, um zu gratulieren? „Mach ich morgen", sagen wir und vergessen es dann.

Für das kleinste bisschen Fortschritt beim Flöten oder Schreiben, für jeden richtigen Ton aber und jeden geraden Strich brechen Mütter und Väter in Lobeshymnen aus. Das motiviere die Kinder, fördere das Selbstbewusstsein und sorge für ein gutes Familienklima, sagen die Psychologen.

Wer aber lobt alte Leute? Wer sorgt bei ihnen für Motivation und gutes Klima, sagt, dass sie dies und das gut machen, dass sie gut aussehen, dass man sich freut, sie zu sehen? Wer bewundert ihre Aktivität, anerkennt ihre Hilfsbereitschaft, ihren Einsatz für die Familie oder ihr Engagement für einen guten Zweck?

Schmeicheleien ja, die kommen locker daher, im Vorübergehen. „War ja großartig, was Sie da gemacht haben", so klingt das dann, und beide Teile wissen, dass das nicht ernst gemeint ist.

Auch pauschales Lob gibt es immer mal wieder. Vor allem dann, wenn die Gesellschaft „Ehrenamtliche" braucht und die Politiker die „Kompetenz und den Erfahrungsschatz des Alters" hochleben lassen. An persönlichen Worten, Wertschätzung und echtem Interesse aber fehlt es. Auch Ältere untereinander loben sich leider nur selten gegenseitig. Vielleicht weil loben heißt, in diesem Augenblick den anderen über sich selbst zu stellen. Das fällt schwer. Die Hinterglasmalerei, das gelungene Fest, der Vortrag, eine wissenschaftliche Arbeit gar hätten Beachtung verdient. Ebenso das, was mal war.

In jedem Leben gibt es Höhepunkte, Ereignisse, die einzigartig waren. Wer erinnert daran und sagt „das war gut damals, wie du das gemacht hast“? Ganz bestimmt zu wenige, manchmal auch niemand. Selbst dann, wenn mal einer oder eine offiziell ausgezeichnet wurde, mit einer Ehrenurkunde, einer Medaille für besonderen Einsatz und wenn das dann auch noch in der Zeitung stand, fällt das Lob der Gleichaltrigen eher spärlich aus. „Anerkennung spenden“, sagt man auch statt loben, und spenden heißt freiwillig etwas geben. So richtig klappt das nicht. Hat wohl auch damit zu tun, dass mit den Jahren die eigene Person so überwichtig wird, dass da für andere nichts mehr übrig bleibt.

Schade ist das. Denn wer erleben konnte, wie sehr sich jemand freuen kann, wenn er gelobt wird, schämt sich, das nicht öfters getan zu haben. „Meinen Sie das wirklich?“, fragte ein alter Herr, nachdem er auf einer Geburtstagsfeier eine Rede gehalten und darin nicht nur seinen Freund geehrt, sondern auch noch einen Strauß von Zitaten zusammengetragen hatte. Seine altersblauen Augen glänzten dabei, es war ein

Strahlen, das zeigte, wie selten solche Augenblicke in seinem Leben geworden sind.

Denn gelobt werden immer die anderen, die Selbstdarsteller, wir kennen sie alle. Und viele, die auch etwas zu sagen hätten, bleiben stumm, weil sie nicht beachtet werden.

~

Wir können uns nie genug
darüber wundern, wie so wichtig
den anderen ihre eigenen
Angelegenheiten sind.

Marie von Ebner-Eschenbach (1843–1916)

Tatortgucken und Tai-Chi

Wenn ein Sohn jeden Sonntag zur selben Zeit seine Mutter anruft – als Student, als junger Ehemann, als erfolgreicher Geschäftsmann –, wird dieser Anruf sowohl für die Mutter als auch für den Sohn zum festen Termin am Wochenende. Sie freut sich immer, er stöhnt manchmal. Schon wieder diese wöchentliche Pflicht: Hallo Mutter, ich bin's, wie geht's? Eines Tages dann existiert dieses jahrzehntelang gelebte Ritual nicht mehr, und nie hätte der Sohn gedacht, dass es ihm einmal fehlen würde. Und doch ist es so.

Warum? Rituale schenken Beständigkeit und stützen uns. Rituale tun gut. Es beginnt ja schon in der Kindheit, sie ist voll davon. Vor allem am Tagesende. Gutenachtgeschichte, beten, Gutenachtkuss, zudecken. Sie nehmen kein Ende. Und es geht so weiter, das ganze Leben lang. Kirchliche Festtage, Familienbräuche, Gedenktage, Jahreszeiten. Und auch neue Rituale kommen dazu, entstanden aus Gewohnheiten. Inzwischen ist für manche sogar der Sonntagskrimi ein Ritual. Der „Tatort" samt Vorspann lockt seit 40 Jahren zum Ausklang des Wochenendes seine Fans vor den Fernseher. Vier Millionen sind es, die sich damit jeden Sonntagabend noch entspannen, bevor eine neue Woche beginnt. Das Lebensalter spielt dabei keine Rolle, höchstens in den Vorlieben. Die Jungen haben ihre Favoriten und wir Älteren unsere. Sind die Täter dann gefasst und stehen die Ermittler erleichtert an der Wurstbude, können auch wir beruhigt den Tag beenden.

Natürlich gibt es zum Thema Rituale profunde Erkenntnisse. Für Kulturwissenschaftler gelten traditionelle Rituale als Kitt der Gemeinschaften, für Hirnforscher als Stifter von Ordnung, die Ruhe, Halt und Orientierung geben, Verhaltensforscher sagen, dass jeder von uns seine persönlichen Rituale brauche, und das beginne ganz im Alltäglichen. Dazu gehören das morgendliche Duschen, der Gang ums Haus am Abend, die Zeitung zum Frühstück, für manche die Zigarette danach, im Rentenalter der Mittagsschlaf, und sei es nur ein Nickerchen im Sessel. Sogar die täglichen Ermahnungen, meist aus weiblichem Mund an den Partner gerichtet, haben rituellen Charakter und würden vermisst, fielen sie einmal aus.

Und ist im häuslichen Umfeld auch das Wogen einer La-Ola-Welle oder das Singen der Nationalhymne, wie sie im Fußballstadion die Menge bewegt, eher selten, so gibt es doch auch hier Rituale, die ähnliche Wirkung zeigen können. Wie das Singen des Geburtstagsliedes für den Großvater, was drei Generationen auf die bevorstehende Feier einstimmen soll, ganz wie die Kicker im Stadion.

Dass Rituale auch reine Luftnummern sein können, zeigt der unausrottbare Gastgeberinnen-Satz „Das wäre wirklich nicht nötig gewesen“, wenn der obligatorische Blumenstrauß entgegengenommen wird; denn natürlich wurde er erwartet. Nicht anders das einstimmige

„Was kann ich für Sie tun?“ der gesamten Dienstleistungsbranche, das keinesfalls als ernsthafte Frage gewertet werden soll. In China dagegen treffen sich verlässlich und täglich im Morgengrauen Nachbarn vor ihren Häusern zu einer gemeinsamen Runde Tai-Chi und fühlen sich dadurch einander verbunden. Warum so früh? Egal, Rituale werden geliebt und müssen nicht hinterfragt werden.

~

Ein Leben ohne Rituale wäre möglich,
aber nicht sinnvoll.

Frei nach Vicco von Bülow, bekannt als Loriot (1923–2011)

Hier spricht Bruno

Seit einem Jahr teile ich nun schon den Alltag mit dem Herrn Professor, hier in unserer „Residenz“ mit ihren 40 Apartments und ihren Bewohnern, in der Mehrzahl Bewohnerinnen. Gern teilt er mir seine Ansicht über den Lauf der Welt mit, denn der alte Herr liebt es zu reden. „Daran musst du dich gewöhnen“, hat er schon am ersten Tag zu mir gesagt. „Das Leben mit meiner Frau war wie ein langes Gespräch. Nach ihrem Tod fühlte ich mich obdachlos. Innerlich und äußerlich, ich begann Selbstgespräche zu führen. Dann zog ich hier ein.“

Bestens kann ich mich noch an den Tag erinnern, als mich ein junger Mann vom Orthopädiehaus in den achten Stock brachte, wo mich der Professor in Empfang nahm und Griffhöhe,

Räder und Bremse überprüfte. Stimmt, Sie haben es gemerkt, ich bin ein Rollator, vielleicht kennen Sie mich schon. Mein neuer Besitzer erklärte, dass ich ab da Bruno heiße, denn schließlich sei ich sein Begleiter und müsse einen Namen haben. Das gehöre sich so, wenn man zusammen wohne, außerdem halte er sehr viel von guten Umgangsformen.

Schnell merkte ich, dass der Professor tatsächlich ein besonders höflicher Mensch ist. Zum Beispiel zur Mittagszeit, wenn am Aufzug großes Gedränge herrscht, weil alle Bewohner gleichzeitig einsteigen wollen, die Suppe im Speisesaal könnte ja kalt werden, wartet er geduldig, lässt alle anderen vor. „Da ist Zurückhaltung geboten“, sagt er. Den Damen hält er, wo immer er sie trifft, die Türe auf. Er grüßt auch freundlich, meist mit einer kleinen Verbeugung. „Man bietet die Tageszeit“, klärte er mich auf.

Ganz besonders liebenswürdig bietet er sie der Dame, die über uns, also im neunten Stock, wohnt. Beide haben sich am Briefkasten getroffen und dabei festgestellt, dass sie die gleiche überregionale Zeitung lesen. Da gab es natürlich

Gesprächsstoff und bald auch Spaziergänge, mit zwei Rollis, denn auch die Dame hat einen als Begleiter. Natürlich holen wir sie dazu an ihrer Apartmenttüre ab, das gehört sich so, meistens trägt sie rote Schuhe. Unterwegs wird dann geredet. Zwischendurch bleibt der Professor immer mal wieder stehen, während die Dame weiterstrebt. Mir scheint, dass Männer, wenn sie etwas Bedeutendes zu sagen haben, dabei nicht laufen können.

Inzwischen gibt es auch Einladungen zu gemeinsamen Abenden im neunten Stock, was den anderen Bewohnern im Haus nicht verborgen blieb. Immer haben wir eine Flasche Rotwein dabei. Auch das wurde registriert. Man redet über uns, aber nicht schlecht, eher erfahren wir so eine Art stille Bewunderung, man könnte fast sagen, wir sind beliebt, weil wir so höflich sind.

Mein Professor jedenfalls ist bester Stimmung, und ich auch. „Gemeinsam einen guten Wein zu trinken und dabei über die Dinge des Lebens zu reden, zu wissen, dass ich wichtig für sie geworden bin, das hat mich wie eine warme

Welle erfasst, ist ein unverhofftes Glück", sagte er einmal, als wir uns auf dem Rückzug vom Rendezvous befanden, die leere Rotweinflasche in meinem Korb. Beschwingt zitierte er dann auf dem Flur Goethes Vierzeiler:

So sollst du, munterer Greis,
Dich nicht betrüben;
Sind gleich die Haare weiß,
Doch wirst Du lieben.

Das habe der Dichter in seiner Reisekutsche auf dem Weg nach Wiesbaden geschrieben. 65 Jahre sei er da alt gewesen, damals galt das schon als betagt. In den fast zwanzig Jahren, die er noch zu leben hatte, habe der geniale Denker und vielseitige Charmeur aber noch manche Herzensangelegenheit betrieben. Das gedenke er nicht zu tun, er sei glücklich mit der einen, späten Begegnung. „Die Tage sind wieder bunt geworden", stellt er fest, „sie hat den Grauschleier einfach weggenommen."

Ich finde ja, dass das fast eine Liebeserklärung ist, und wünsche mir, dass es so bleiben möge mit dem Professor und der Dame, in die ich selbst ein wenig verliebt bin. Denn auch meine Tage sind bunter geworden, seit ich meinen Dienst hier angetreten habe. Und ich konnte lernen, dass man die Türen aufhalten und miteinander reden muss in einem Haus wie diesem. Das hilft gegen die Gespenster des Alters. Mein Professor macht das genau richtig: Wer alleine einzieht, muss nicht alleine bleiben.

Darin besteht Liebe:
dass sich zwei Einsame beschützen
und berühren und miteinander reden.

Rainer Maria Rilke (1875–1926)

Immer im November

„Wir bleiben in Kontakt“, versichern sich Freunde und Verwandte immer wieder. „Wir telefonieren, man sieht sich ...“, so lauten die Versprechungen am Ende eines gemeinsamen Abends. Aber oft genug wird dann nichts aus dem Wiedersehen.

Warum? Das Netzwerk Freundeskreis muss kontinuierlich gepflegt werden, und das klappt nicht so richtig. Immer im November laden sie deshalb ihre besten Freunde ein, erzählt ein Ehepaar, zusätzlich zu allen anderen Treffen im Jahreslauf, bei denen man sich sehe. Und das müsse auch so bleiben, denn der November sei der Monat, der mit seinen Gedenktagen, Friedhofsbesuchen, der frühen Dunkelheit am Abend oft genug für trübe Gedanken sorge. Das sei nicht gut im Alter, dagegen wollten sie etwas tun.

Schön ist es, wenn solche Aufmerksamkeiten entstehen. Schließlich kennt man sich schon lange, muss sich nichts mehr beweisen. Zudem haben Altersforscher festgestellt, dass gute Beziehungen, Vertrautheit mit anderen, viel zum Wohlbefinden beitragen. Am besten geht es da natürlich, wem alte Freundschaften erhalten geblieben sind. Für neue ist es meist zu spät. Denn es sind die gemeinsamen Erfahrungen, geteilte Freuden und Schrecken, die das Fundament ausmachen, das halten wird.

Freilich wird der Kreis mit den Jahren kleiner, aber mit jedem Abschied wird der Zusammenhalt derer, die zurückbleiben, größer. Vorausgesetzt, es gibt unter ihnen „Kümmerer", die die Fäden in der Hand behalten und dafür sorgen, dass sie halten, auch dort, wo Aussehen, Status und Einfluss, früher vielleicht Gründe dafür, eine Freundschaft zu suchen, mit den Jahren gelitten haben.

Die Generation der Neunzigjährigen unter uns hat da einiges vorgelebt. Im Zweiten Weltkrieg sind Partner, Geschwister, Schulkameraden umgekommen. Umso fester hielten die Überlebenden zusammen. Gleiche Schicksale, gleiche Erfahrungen haben sie verbunden. „Wir haben nie aufgehört, miteinander zu reden", sagen manche, und daraus ist ein starkes Gefühl geworden. Jüngere müssen erst noch klären, ob sich nette Bekanntschaften zu mehr entwickeln können, ob daraus Freundschaft wird, die in Sorgenzeiten trägt, sich aber auch in kollektiver Fröhlichkeit zeigen kann, über die man am nächsten Tag lachend den Kopf schüttelt.

Egal ob Freunde oder Bekannte, Bindungen müssen gehegt und gepflegt werden. Wie die Lieblingspflanzen am Blumenfenster brauchen sie gleichmäßige Temperatur und immer wieder eine Extraportion Aufmerksamkeit als Dünger. Dazu gehören die Bereitschaft, sowohl zu helfen als auch Hilfe anzunehmen, Krankenbesuch zu machen, zuzuhören, im richtigen Augenblick die richtigen Worte zu finden und gegebenenfalls die falschen zu verzeihen. Da genügen die Anrufe zum Geburtstag nicht.

Das Ehepaar, das im November seine Freunde

einlädt, will hier mit einem festen Eintrag im Terminkalender ein Licht anzünden. Nicht nur die Gäste freuen sich, auch sie selbst. Sie haben sich Mühe gemacht, den Abend vorbereitet, für Essen und Trinken gesorgt, den Tisch mit schönem Geschirr gedeckt und die Wohnung geschmückt. Bald findet sich ein jeder in lebhafter Unterhaltung, je später die Stunde, desto mehr wird gelacht.

Haben sich die Gäste dann verabschiedet, was ziemlich lange gedauert hat, weil jeder an der Türe noch etwas Wichtiges zu sagen hatte, ist auch der Rest Wein, der noch in der Flasche war, getrunken, fühlen sich die Gastgeber selbst beschenkt. Es war ein schöner Abend, die Gespräche klingen nach, die heitere Stimmung wird noch anhalten, am nächsten Tag wird es ein paar Anrufe geben, „schön war's, vielen Dank". Und so ist der November ein wenig heller geworden.

~

Die Freunde, die man um vier Uhr morgens anrufen kann, die zählen.

Marlene Dietrich (1901–1992)

Ihre Meinung ist uns wichtig!

Welchem Buch haben Sie diese Karte entnommen?

Erfüllt das Buch inhaltlich Ihre Erwartungen?

Wie gefällt Ihnen die Gestaltung des Buches?

Was würden Sie an diesem Buch gerne anders wünschen?

☐ Senden Sie mir bitte Ihren Neuerscheinungsprospekt
   ☐ einmalig   ☐ regelmäßig

☐ Informieren Sie mich bitte per E-Mail über Ihre Neuerscheinungen

www.echter.de

Wie sind Sie auf das Buch aufmerksam geworden?

☐ Prospekt
☐ Rezension
☐ Anzeige in Zeitschrift
☐ Empfehlung des Buchhändlers
☐ Homepage des Verlages
☐ Internet allgemein
☐ Andere ____________________

Weihnachten vorbei

Es war ein schönes Fest. Drei Generationen, und alles wie immer. Die Rituale haben wieder ihren Zweck erfüllt. Sie sind wichtig an Weihnachten. Sie schenken Beständigkeit, sind Vergangenheit und Zukunft zugleich. Tun gut, auch wenn sich immer mal wieder ein Familienmitglied darüber lustig macht: Schon wieder die gleichen Lieder, warum denn nur weiße Kerzen, warum nicht mal rote?

Warum? Es geht nicht anders. Weihnachten muss sein wie immer. Vor allem feierlich. Das ist es, was die Kinder und Enkelkinder einmal in ihre eigenen Familien mitnehmen. Der festlich geschmückte Raum, in dem der Christbaum steht wie der König des Abends, Kerzen, Tannengrün, der Duft beim Eintreten in das Zimmer, überall Engelfiguren, die schon die Großmutter sammelte. Auf dem Esstisch das schönste Geschirr, Silber und Kristall, eine schimmernd weiße Decke und Sterne als Dekoration zwischen den Tellern. Wann, wenn nicht an Weihnachten, darf es noch Verzauberung geben? Für die Kinder ebenso wie für die Alten.

Es kann gar nicht feierlich genug sein. Auch die Kleidung nicht. Festliches ist angesagt. Kinder vergessen nie, wie schön die Mutter war an Weihnachten, dass sie glitzerte an diesem Abend wie sonst nie im Jahr. Söhne erinnern sich daran noch nach Jahrzehnten und an den Blick, mit dem sie das Weihnachtsreich, das ihr Reich war, betrachtete.

Alles übertrieben, sagen manche. Familienterror, weg damit. Bitte, nur zu. Macht Pause, alles mal anders. Aber Vorsicht! Erst wenn etwas nicht mehr so ist wie früher, spürt man, was fehlt. Und dass wir eigentlich gerade an Weihnachten wieder genau dort sitzen wollen, wo wir als Kinder schon saßen.

Wie oft aber wird es noch so sein, das ist Jahr für Jahr die Frage beim Ableeren des Christbaums. Er nadelt leise. Die Kinder und Enkelkinder sind längst mit vollen Kofferräumen davongefahren, die letzten Plätzchen sind gegessen, die eigenen Geschenke weggeräumt, die Kerzenstummel ausgetauscht.

Sentimentalität kommt auf, sie gehört zu diesen Tagen zwischen Weihnachten, dem neuen Jahr und Dreikönig, verstärkt sich beim Einpacken der Engel und Kugeln, die fast alle kleine Geschichten erzählen können, denn sie gehören sozusagen zur Familie. Sorgfältig werden sie in Seidenpapier gehüllt und in Kisten gelegt; auch diese sind schon seit Jahren die gleichen. Ein kleiner, wehmütiger Abschiedsschmerz breitet sich aus. Man kennt ihn.

Draußen ist es noch hell. Vielleicht wäre jetzt der richtige Augenblick für den Spaziergang. Auch das ein Ritual. Jahr für Jahr der gleiche Weg, ein Stück hinaus, aus geschmückten Fenstern leuchtet Licht. Man fragt sich, wie es den Menschen drinnen geht, Nachbarn, ein altes Ehepaar. Werden sie bleiben oder doch in das Seniorenheim umziehen? Die Winterluft tut gut. Die Schritte werden schneller, die Gedanken auch, eilen voraus. Auch das wie immer. Auf dem Rückweg dann ist Weihnachten vorbei, und es werden Pläne für das neue Jahr geschmiedet.

~

Wird's besser?
Wird's schlimmer?
Fragen wir alljährlich.
Seien wir ehrlich:
Leben ist immer
lebensgefährlich.

Erich Kästner (1899–1974)

Alterswege

Erinnerung an fünf Persönlichkeiten

Das Tor zum Alter hatten sie schon durchschritten, als ich sie kennenlernte, die Wegstrecke, die sie noch vor sich hatten, war ungewiss. Und doch lebten sie ihr hochbetagtes Dasein gelassen, in einer Welt, die sich rasant veränderte, und blieben sich treu dabei.

Sie haben mich beeindruckt: Willi Z., der Menschenfreund und Lebenskünstler, Katarina S., die von sich sagte „jetzt bin ich ein Vergissmeinnicht", der Augustinerpater und Wissenschaftler Adolar, der nicht loslassen konnte, Ernst und Hildegard, das Ehepaar, das mit weniger Lebens-Gepäck noch einmal neu anfangen wollte, und die Schauspielerin Margret G., die das Alter als einen Akt in einem Theaterstück betrachtete, den dritten, bevor der Vorhang fällt.

Es habe sich herangeschlichen, das Alter, sagt sie, die mit 80 Jahren Abschied von der Bühne genommen hatte. Sie habe es zunächst gar nicht bemerkt, erst als es mit den Augen schlechter wurde, dann habe sie sich mit 91 Jahren den Grauen Star operieren lassen. „Und, was soll ich sagen, ich kann wieder ganz gut sehen, lesen und mich ordentlich schminken." Das gehöre dazu, meint sie. Nicht ohne rote Lippen sein, das habe sie sich immer vorgenommen. Ihr ganzes Leben lang, das sie durch Krieg und Not geführt habe, und dabei bleibe es. Siebzig Jahre hat sie auf der Bühne gestanden, zuerst als Tänzerin, dann wechselte sie zum Schauspiel. Im „Kaukasischen Kreidekreis" von Bert Brecht hat sie als die Magd Grusche ihre letzte Rolle gehabt. Aber das Theater bleibe für sie lebendig. Oft komme Besuch, alte und junge Kollegen, und dann werde gegessen und getrunken und viel geredet. Erinnerungen? Wichtig, ja, aber eigentlich sei sie mit der Gegenwart beschäftigt, wie sie die

Treppen zur Wohnung mit einem lädierten Knie am besten nehmen könne, dass das Gästebett gerichtet werden müsse, weil sich Besuch angesagt habe, und dann sei da ja auch noch die Zukunft. Die gebe es nämlich, auch wenn man schon über neunzig sei. Ob das Leben wie ein Theaterstück ist? Manchmal schon, und das Alter sei das Finale, man müsse sehen, dass man es gut hinkriege. Das Publikum erwarte das. Sie wolle sich, wenn es so weit sei, mit Hut vom Leben verabschieden, denn da, wo sie dann hingehe, treffe sie einige, vor denen sie gut aussehen wolle. Sie habe vorgesorgt für diesen Tag. Zum Beweis holt sie ein elegantes Exemplar mit Rosenband aus dem Schlafzimmer, setzt es auf, dreht sich graziös vor dem Garderobenspiegel und probt ihren letzten Auftritt. Natürlich nicht ohne Text. „Wie bei einem Theaterstück kommt es im Leben nicht darauf an, wie lange es dauert, sondern wie gut es gespielt wird", zitiert sie Lucius Annaeus Seneca, den klugen römischen Philosophen, und die Augen im Sternenkranz der Lachfalten leuchten. Einmal Schauspielerin, immer Schauspielerin, ihre Verbeugung als Abschiedsgruß an der Wohnungstüre zelebriert sie wie eine kleine Triumphgeste. Das Stück ist noch nicht abgespielt, sie quittiert den Applaus routiniert mit einem Lächeln.

Ein halbes Jahrhundert haben Ernst und Hildegard miteinander verbracht, meist in der Natur, denn Ernst war Förster. Mit 86 Jahren, Hildegard ein Jahr jünger, haben sie dann beschlossen, ihren großen Hausstand aufzulösen und eine Wohnung in einer Altersresidenz zu mieten. Die Entscheidung trafen sie alleine, nur zu zweit, da sie keine Kinder haben. Es fiel schwer, war eine Art Ablösung, die wehtat, und sollte doch gleichzeitig ein Neubeginn sein. Sie wollten leichter werden, vielleicht sogar ein wenig schweben, sich wie in einem Ballon fühlen, aus dem Ballast abgeworfen wurde. So hätten sie sich das vorgestellt, damals, als sie vom Haus am Waldrand Abschied nahmen. Und es sei gelungen, wie ein Aufatmen sei es gewesen, und auch als Hildegard gesundheitliche Probleme bekam, habe sie die Leichtigkeit nicht verlassen. Die Liebe, die sie ein Leben lang verband, sei jetzt, ohne Verantwortung für Haus und Besitz, noch spürbarer geworden, sagt Ernst, der für seine Frau sprechen muss, weil sie nach einem Schlaganfall stiller geworden ist. Mit den Bewohnern der Altersresidenz haben sie wenig Kontakt. Man kennt sich, grüßt sich im Aufzug, Ernst hält höflich Türen auf und hilft, wenn sich ein Rollator verklemmt hat. Treffen mit Berufskollegen, auch jüngeren, und ihren Frauen, ja, die gibt es noch. Die Förster sind eine gut vernetzte Gemeinschaft. Und natürlich Besuche zu Geburtstagen, leider natürlich auch immer wieder Abschiede am Friedhof. Aber eigentlich sind beide am liebsten in ihrer Wohnung alleine. Auf dem Tisch liegen Fotoalben, daran erfreuen sie sich, denn Hildegard hat alle Reisen, die die beiden unternommen haben, und es waren viele, in Fotos festgehalten und in Alben dokumentiert. Das sei jetzt wie eine Ernte. Berichte im Fernsehen, das Zimmer wird von einem großen Bildschirm beherrscht, tragen ihnen zusätzlich die Erinnerungen ins Haus. So gehen sie noch immer auf Reisen, die Realität haben sie ausgeblendet, die klare Einsicht in die Alterssituation auch, sagt Ernst. Noch vor einem Jahr habe ihn die Angst vor dem Pflegefall, vor Veränderungen, die er nicht mehr bewältigen könne, immer mal wieder gepackt. Das sei vorbei. Schließlich habe er vorgesorgt, alles geregelt. Das sei eben seine Art, auch im Wald müsse man für alles sorgen. Die Leichtigkeit solle erhalten bleiben, für eine letzte Reise mit Hildegard, die mit einem großen Aufatmen schon begonnne habe.

Altwerden im Kloster scheint auf den ersten Blick weniger schwierig zu sein als außerhalb. Mönche leben den Ruhestand in der von ihnen gewählten Gemeinschaft, in einer Kloster-WG sozusagen, und wissen, dass sie auch im Pflegefall in der gewohnten Umgebung bleiben können, getragen vom Glauben an die christliche Botschaft und vom Vertrauen auf die Auferstehung. So soll es sein. Pater Dr. Adolar Z., der in erster Linie ein gelehrter Mönch ist und erst dann ein alter Mönch, weiß das wohl, aber er hat Probleme damit. Wer mit ihm über das Altwerden ins Gespräch kommen will, muss erst einmal einen Umweg machen, bis er beim Thema angekommen ist. Denn Pater Adolar ist Wissenschaftler, seit 25 Jahren leitet er ein Institut, das von seinem Orden getragen wird. Und darüber spricht der Dr. theol. und Dr. phil. gerne, doziert lächelnd, gefällt sich dabei. Der verbliebene Haarkranz ist noch dunkel, die Gesichtshaut straff und blass, die grauen Augen signalisieren Interesse. Ein alter Herr in klösterlicher Tracht. Erst wenn er aufsteht, und er tut es, um ein Buch zu holen, wird Gebrechlichkeit sichtbar. Beim Gehen stützt er den Körper auf einen glänzenden schwarzen Gehstock mit Silbergriff, der seiner Erscheinung eine elegante Note verleiht. Sein Problem mit dem Älterwerden sei das Loslassen, sagt Pater Adolar, der aus einer weitverzweigten Familie stammt, die stolz ist auf seine Karriere. Durch seine wissenschaftliche Arbeit ist er ein Mönch mit Privilegien, hat viele Jahre in Rom verbracht, und ist nicht an ein „Pensionsalter" gebunden. Das wisse er zu schätzen. Dass jüngere, gut ausgebildete Klosterbrüder womöglich darauf warten könnten, in seine Arbeit einzusteigen, ihn abzulösen, scheint er nicht wirklich wahrzunehmen. Zwar spricht er davon, dass in Klöstern Neugestaltung und Neuorientieren wichtig seien, er wisse auch, dass es längst Zeit für ihn sei, der Versuchung, immer weiterzuarbeiten, zu widerstehen, noch aber sei es nicht so weit. Ein Workaholic im Kloster? Nicken. Gott werde es verzeihen, er werde sich bessern, mit 87 Jahren habe er ja noch ein wenig Zeit. Die Augen blitzen wie der Silberknauf des Gehstockes in der Mittagssonne, die jetzt Strahlen durch das Fenster der Klosterbibliothek schickt.

Noch gab es helle Stunden für Maria S., aber der Abschied hatte begonnen. Zunächst unbemerkt, denn Veränderungen wurden der Trauer über den Tod des Ehemanns zugeschrieben. Zwei Jahre danach, an ihrem 80. Geburtstag, erkannte die Tochter, dass die Mutter mit dem Alltag nicht mehr zurechtkam, nicht wusste, was mit ihr vorging. Eine Diagnose brachte Klarheit, und damit begann ein Leben mit Alzheimer, das für die Tochter und deren Ehemann mehr Veränderungen brachte als für die Mutter. Sie hätten gemeinsam beschlossen, sie nicht alleine zu lassen, sie zu sich zu nehmen. Der Entschluss sei schnell gefasst worden, aber die Auswirkungen für ihr eigenes Leben seien größer, als sie erwartet hätten. Der Mutter jedoch gehe es jetzt eigentlich gut. In behüteter Umgebung, unterstützt von einem engagierten Hausarzt, der die richtigen Medikamente verschrieb, und von Helferinnen eines ambulanten Dienstes, verliefen die Tage einigermaßen geregelt. Die Nächte allerdings seien unruhig, immer wieder wolle sie dann „nach Hause". Und das mache sie hilflos und traurig, sagt die Tochter. „Ich tue doch alles, damit sie es gut hat", seufzt sie, „aber ich weiß natürlich, dass es darum nicht geht. Ihre Orientierung hat sich einfach aufgelöst." Wenn Gäste ins Haus kämen, sitze die Mutter dabei, man habe sich im Bekanntenkreis darauf eingestellt. Manchmal sage sie dann verschmitzt: „Ich bin jetzt ein Vergissmeinnicht". So war es auch, als ich sie besuchte. Und dabei blickte sie erst zu mir, so als ob sie wissen wolle, ob ich sie auch verstanden habe, und dann freundlich auf zu ihrer Tochter, die ihr eine Jacke brachte, weil es kühl im Garten geworden war, wo der Kaffeetisch gedeckt war. Zwei Stück Kuchen verspeiste Maria S. mit Genuss, was sie mit der Kaffeetasse anfangen sollte, wusste sie nicht. Dann wurde sie unruhig, stand auf und begann im Garten hin und her zu laufen. Das sei oft so, manchmal werde sie ganz atemlos dabei, manchmal scheine es, als ob sie „den Vater“ suche, manchmal frage sie energisch „wann gehen wir?“ Man müsse sie aber dann nur in den Arm nehmen und sagen, dass es noch ein wenig dauere. „Man lernt das alles nach und nach“, sagt die Tochter. Aber es sei nicht sicher, ob sie bis zum Ende durchhalten würden, „die Krankheit ist unaufhaltsam“, man dürfe sich selbst nichts vormachen. Doch solange es irgend gehe, wollten sie die Mutter begleiten, ihr Respekt erweisen. Auch wenn sie nicht mehr wisse, wer sie sei, sehne sie sich doch nach Fürsorge, „und die soll sie von uns bekommen, solange es geht“. Mutter und Tochter begleiten mich Hand in Hand zur Gartentüre, die laut quietscht.

Wer ihn besuchte, traf einen Mann, der Glück mit sich selbst hatte. Vom Leben wurde ihm zwar nichts geschenkt, wie allen Männern und

Frauen seiner Generation trug er die Erinnerungen an Krieg, Verfolgung, Flucht und Angst mit sich, sprach nicht darüber, schon gar nicht zu seinen Söhnen, höchstens zu seiner Frau, die Teil dieses Lebens war. Aber Willi Z., vierzig Jahre lang Intendanzsekretär eines Stadttheaters und somit bühnenerprobt, war stets ein Lebenskünstler. In jeder Situation blickte er nach vorne, hatte im Privaten und Beruflichen viele Freunde. Und so war es kein Wunder, dass er auch in dem Seniorenheim, wo er sich nach dem Tod seiner Frau eingemietet hatte, zum „Lichtblick" wurde. Alle seine Sinne habe er eingesetzt, um sich hier wohlzufühlen, keine Traurigkeit zugelassen, sich abgelenkt und immer wieder Kontakte und Gespräche gesucht, sich gut gekleidet. Es liege an einem selbst, meint er, das letzte Wegstück auf Erden in Helligkeit zu gehen. Er sei noch gerne unterwegs und betrachte dabei Menschen, freue sich, wenn er sehe, dass es ihnen gut gehe. Zum Beispiel Paare. Er denke dann an seine Lieblingsoper „Fidelio", den Klavierauszug habe er mit ins Seniorenheim genommen. Lieben wie Florestan und Leonore, das sei doch ein großes Glück, noch größer aber, in Freiheit zu leben. „Oh welche Lust in freier Luft zu atmen", zitierte er den Gefangenenchor und hielt dabei sein Gesicht der Sonne entgegen. Die Bank im Innenhof des Heimes, auf der wir saßen, sei um diese Tageszeit sein Lieblingsplatz, weil sonnenbeschienen, und er sei eben ein Sonnenmensch. Es gebe Ältere, die würden missmutig, hätten kein Interesse mehr an anderen Menschen. „Manche sind richtig böse und achten auch nicht mehr auf ihr Äußeres, man kann das auch hier in diesem Haus sehen." So wolle er nicht werden. Und jetzt müsse er sich verabschieden, denn da oben, er blickte an der Hauswand hoch, da oben warte eine Dame, die sich hübsch gemacht habe, aber nicht gut zu Fuß sei, und er hole sie zum Mittagessen ab. Jeden Tag, sie nehme dann seinen Arm, und so führe er sie zu Tisch im Speisesaal, als wären sie in einem feinen Restaurant. Mit Haltung, Schritt für Schritt. Ein bisschen Theater müsse auch im Alter noch sein. Und so wolle er auch dereinst diese Welt verlassen, zwar wünsche er sich noch ein bisschen Zeit, aber vorbereitet sei er.

Kein Nachwort,
aber ein paar gute Tipps

Bleiben Sie morgens,
wenn sie eigentlich aufstehen wollen,
noch ein paar Minuten im Bett. Es könnten
die schönsten des Tages sein.

Wenn Sie das Frühstück lieben,
legen Sie das Hörgerät erst danach an.

Sagen Sie nie zu Jüngeren:
Du verstehst mich nicht!

Wenn Sie keine Lust haben,
Ihr bisschen Müll zu trennen,
dann tun Sie es auch nicht.

~

Dankbarkeit ist nicht nötig,
wenn die Sprechstundenhilfe sagt:
„Sie dürfen jetzt mitkommen."

~

Glauben Sie keiner Studie, die behauptet,
Alkohol sei ungesund für Alte.

~

Tragen Sie das Kostüm von vor zehn Jahren
nicht mehr, auch wenn es teuer war.

~

Sprechen Sie mit Ihrem roten Ledersessel.
Es tut ihm gut.

~

Suchen Sie Ihren Hausschlüssel nicht,
er kommt von alleine zurück.